EXPLORANDO LAS COCINAS DEL MUNDO

MAGDALENA RUZ GONZALEZ

Un libro para niños de países seleccionados

Explorando las cocinas del mundo

Introducción

Las personas de todo el mundo pueden comer la misma comida o cocina que tu comes. Pero es posible que no reconozca la forma en que está preparado. La cocina de un país puede ser típica de toda su gente o puede ser única de una área o región de su país.

Las personas en todo el mundo pueden comer diferentes alimentos de los que comes debido a la región en la que viven. Esto se debe a las plantas o animales que se encuentran en su ambiente que luego se utilizan en la preparación de alimentos.

Algunos alimentos e ingredientes han viajado por todo el mundo. ¿Cómo pasó eso? Los exploradores e inmigrantes que viajaban a nuevas regiones del mundo se llevaron los alimentos y las especias que les gustaban. Se agregó a los alimentos locales y surgió una nueva cocina. ¡Ingredientes usados de nuevas maneras! Esta combinación de ingredientes creó una cocina nueva y deliciosa que es única.

Mientras lees, piensa en las ideas y en las preguntas incluidas. Use sus recursos del red o internet para aprender más palabras, historia y cultura. Algunas palabras desconocidas están en negrita y cursiva para ampliar su conocimiento de vocabulario. Para mayor diversión, se incluyen algunas recetas simples para probar con la familia o un amigo.

¡Comencemos a explorar la cocina de los países!

Argentina

Muchos países tienen algo similar a este pastel servido antes de un plato principal o *aperitivo*. También se sirve como plato *principal*. ¿Sabes cómo se llaman?

Argentina es conocida por sus **empanadas,** que son pasteles *rellenos* de carne molida, pollo u otra carne. Vea cómo se cierra el pastel de medio círculo sobre el *relleno* de carne sabroso de cebollas picadas y aceitunas con varias especias. ¡Algunos cocineros agregan pasas o *rebanada*s de huevo duro como relleno sorpresa! Por supuesto, a los *argentinos* les gusta hacer empanadas de queso y empanadas dulces de calabaza. ¿Probarías una dulce? Las empanadas se encuentran en muchos países, como en las Filipinas y los Estados Unidos.

Los orígenes de este *manjar* es de España y fue traído a las Américas por los españoles exploradores. ¿En qué continente se encuentra Argentina? ¿Qué fiestas celebran?

Belice

Todos los países sirven arroz. Pero, ¿alguna vez has probado este plato de arroz de Belice? Tiene un ingrediente especial. ¿Puedes adivinar?

El arroz **beliceño** y los frijoles rojos se cocinan con aceite de coco y leche de coco. Este ingrediente especial le da un ligero sabor dulce. Se agregan otras especias como cebolla, ajo y hoja de *tomillo*. Jamaica y Cuba tienen platos muy similares de arroz y frijoles, ¡pero no agregan leche de coco! Los cocineros **hondureños** agregan leche de coco pero usan frijoles negros en su preparación de frijoles y arroz.

¿Qué otros alimentos les gusta cocinar a los beliceños? ¿Cuál comerías?

Cuba

¿Alguna vez has probado esta comida de Cuba?

Estas papa rellenas son pequeñas bolas de papa del tamaño de un **bocado.** El exterior es puré de papa pero cuando lo muerdes, encuentras un sorprendente deliciosa mezcla de carne! Esta mezcla de carne se llama **picadillo.** El **picadillo** tiene aceitunas, cebollas picadas, pasas y especias. La papa relleña es pequeña, pero una vez que comienzas a comerla, ¡no puedes parar! Esta es una versión de la **croqueta** española pero se origina en Francia. La primera receta de **croqueta** se escribió en Francia en 1898.

¿Sabes dónde se encuentra la isla de Cuba? ¿Cuántas millas hay de los Estados Unidos? ¿Qué más puedes encontrar sobre la relación entre Estados Unidos y Cuba?

República Dominicana

¿Cómo se llama esta sopa espesa en la República *Dominicana*?

Esta sopa espesa o estofado es el *Sancocho* de Siete Carnes de la República Dominicana y está hecho con siete carnes: carne de res, cerdo, cabra, chorizo, pollo, costillas, jamón ahumado. El cocinero agrega vegetales de raíz como ñame, *taro*, calabaza y especias. ¿Está familiarizado con estos tubérculos listados? Encuentra imágenes de ellos en el red o internet.

Estos países también tienen sus propias versiones de *Sancocho*: Columbia, Panamá, Puerto Rico y Venezuela. Ubique estos países en el mapa. ¿Por qué se encontrarían versiones de *Sancocho* en estos países? ¿Qué agregarías a tu Sancocho?

El Salvador

Estos pueden parecerse a las tortillas, pero no son porque están llenos. ¿Alguna vez has probado estos?

Las pupusas son como una empanada llena de diferentes rellenos. Las pupusas *salvadoreñas* están rellenas de queso y otros rellenos como calabacín, pollo, frijoles, carne de res o cerdo. Se sirve con salsa roja y una mezcla de repollo llamada *curtido*.

Otros países sirven algo similar a las pupusas, como las *arepas* de Venezuela o las *gorditas* de México. Las pupusas se originan como una mezcla de cocina nativa americana con influencias de la cocina europea, lo que puede explicar por qué se encuentran similitudes en toda América del Sur.

Investigue en la red o Internet las contribuciones de los nativos americanos a la cocina de las Américas.

Francia

Aquí hay un guiso que a los franceses les encanta preparar. ¿Alguna vez has tenido algo similar?

Boeuf Bourguignon es considerada la cocina más famosa de Francia. El estofado de ternera está lleno de **champiñones** y zanahorias. El ajo y las especias realzan los sabores naturales.

La comida francesa se agregó a la lista mundial del **patrimonio cultural inmaterial** de la **UNESCO** en 2010. ¿Qué es la **UNESCO** y por qué es un honor? Usa la red o internet para localizar más información.

Alemania

¿Qué panqueque se agrega crema agria y no jarabe?

Los **panqueques** de papa es una comida hecha en Alemania, pero también se encuentran en otros países como Polonia, Hungría, Irlanda, Lituania y los Estados Unidos. Algunos de estos países agregan algunos ingredientes nuevos, como trozos de tocino o queso. La **compota** de manzana se puede servir con panqueques de papa en lugar de crema agria. Estos se pueden servir en el desayuno, el almuerzo o la cena, por lo que son muy **versátiles**. La palabra **alemana** para ellos es **Kartoffelpuffer**.

¿Qué otros alimentos comes que originalmente viene de Alemania? (Clave: ¡Uno de ellos está en la portada de este libro!)

Hungría

¡Este guiso te calentará en una noche fría! ¿Sabes lo que los **húngaros** llaman este plato nacional?

Gulash es un guiso de carne y verduras sazonadas con pimentón y otras especias. Se originó en la Hungría **medieval.** El **gulash** es una comida común que se consume predominantemente en Europa Central, pero también en otras partes de Europa.

Localiza Hungría en el mapa. ¿En qué continente está? ¿Qué fiestas celebran?

Italia

¡Quién no ama los espaguetis con albóndigas! ¿Pero siempre se sirven los espaguetis con salsa de tomate rojo y albóndigas?

Aquí hay un plato de espagueti hecho con una salsa blanca. Esta cocina suele ser servido con fideos *Fettuccine* que son planos. Se llama *Fettucine al burro* en Italia y se sirve como un entremés. En los Estados Unidos, *Fettucine* Alfredo, se puede servir con muchas variaciones, agregando espinacas, pollo y salchichas a la pasta.

Es un hecho interesante que los fideos llegaron a Italia desde China. ¿Puedes encontrar quién fue el explorador que introdujo los fideos de China a Italia?

¿Qué datos interesantes puedes encontrar sobre los italianos que emigraron a los Estados Unidos?

Japón

Otra cocina de fideos, que se ve a continuación, es amada por los **japoneses** y es muy **versátil**. ¿Sabes cómo se llama este sabroso caldo?

Los fideos **ramen** son la base de este caldo. Se llama estilo **Shoyu** debido a la salsa ligera de soya.

También tiene un vino de arroz dulce **japonés** llamado **mirin**.

Aquí vemos pollo en el **ramen**, pero el cocinero puede agregar carne de cerdo, huevo o se puede hacer sin carne.

Localice Japón y observe lo cerca que está de China, donde se originaron los fideos. ¿Cuándo se sirve **ramen**?

Corea

Aquí vemos otro sabroso plato de fideos, este de Corea. ¿Alguna vez has probado?

Los fideos picantes **coreanos** son una cocina con carne y verduras adicionales, como hongos **shitake** y zanahorias. Esta cocina tiene salsa de soya y semillas de sésamo espolvoreadas encima. La pasta de chile hace que sea picante y en Corea se llama salsa **gochujang**.

¿Qué salsas agregas a tus alimentos?

Líbano

Los totopos se pueden sumergir en muchas cosas. ¿Alguna vez lo has intentado con esto?

El **hummus** está hecho de puré de garbanzos. La palabra **hummus** significa garbanzos en el idioma **árabe.** La gente en el **Líbano** usa pan de pita para mojar o untar el **hummus**. Gente de todo el Medio Oriente y el Mediterráneo aman esta cocina. ¡Es muy popular en todo el mundo incluso servido con totopos!

Usando la red o internet, localice **Líbano**. ¿Qué países se incluirían en el "Medio Oriente" y el "Mediterráneo"?

México

En el estado de Oaxaca en México, los niños ayudan a preparar este plato. ¿Conoces el nombre de esta comida inusual?

¿Nombraste tomate, guacamole con queso y **chapulines**? Los **chapulines** son saltamontes machacados en un comal que se han cocinado con lima, sal y ajo. Tiene un sabor agrio y salado. Chapulines es una palabra **náhuatl.** Esta cocina se encuentra en una región de México llamada Oaxaca, aunque es popular como **bocadillo** en la Ciudad de México. ¡Los niños capturan estos saltamontes y los llevan a casa para la preparación de alimentos!

¿Qué otros alimentos de México puedes nombrar?

Nueva Zelanda

Las personas de todo el mundo comen diferentes tipos de carne. Usted ha identificado: pollo en sopas, saltamontes como aperitivo, carne de res, cerdo, cabra, salchicha de cerdo, pollo, costillas y jamón ahumado en un Sancocho. ¿Qué crees que a la gente de Nueva Zelanda le gusta comer a la parrilla? Una pista: Estas no son chuletas de cerdo.

¡Estas *sabrosas* chuletas de cordero a la parrilla junto con puré de papas son las favoritas! Esta cocina también se encuentra en Australia y los Estados Unidos. Algunos países lo sirven con gelatina de menta.

¿Dónde está Australia y Nueva Zelanda? ¿Qué sabes sobre estos países?

Omán

¿Alguna vez has tenido uno de estos? En la tradición Ománi, cada huésped se presenta con un plato de estos **bocados** de dulces.

Las dátiles son dulces y crecen en las palmeras. Platos de diferentes dátiles, coco y nueces son **esenciales** para cada comida y se presentan para ser disfrutados. A veces las dátiles se usan en postres.

Un hecho interesante: solo hay un país en el mundo que comienza con la letra O, que es Omán. ¿Dónde se encuentra Omán? Descubre qué otros platos deliciosos se hacen en este país.

Polonia

¿Parecen empanadas de Argentina? No, realmente porque son de **Polonia**. ¿Sabes cómo se llaman?

Estas **empanadillas** están hechas de masa. **Pierogi** significa **empanadillas** rellenas con papa, espinacas, queso, repollo o cualquier combinación. Esta cocina se encuentra en el este de Europa y también en muchas partes de los Estados Unidos donde se establecieron los inmigrantes **polacos**.

En la sección congelada de su supermercado, ¡incluso puede encontrar **pierogies** listas para cocinar! ¿Cuál vas a probar?

Qatar

Este postre dulce se sirve en los hogares *qataríes*. ¿Se parece a algo que ya comes?

Oum ali es pudín de pan hecho con pastel, una variedad de nueces, coco y pasas. Es muy popular no solo en los hogares *qataríes* sino también en los hogares *egipcios*.

¿Alguna vez has comido pudín de pan? ¿Qué tan similar o diferente es a este postre *qatarí*?

¿Dónde está Qatar? ¿A qué distancia está de Egipto? ¿En qué continente están estos países?

Rusia

Este plato tiene fideos de huevo como ingrediente principal. ¿Recuerdas de dónde vinieron los fideos? ¿Alguna vez has tenido esta comida?

Los fideos de pasta de huevo es parte de esta deliciosa combinación de carne de res y crema agria. El ***Stroganoff*** de carne de res de Rusia ha viajado alrededor del mundo ya que muchos países tienen su propia versión. Hay muchas formas de prepararlo, pero los conceptos básicos son los mismos. Esta versión tiene hongos. ¡Muy sabroso!

España

¿Puedes adivinar cuáles son estos? Mire de cerca el pie que cuelga de uno de los ganchos. ¿Crees que es de un cerdo? ¿Qué están vendiendo?

¿Adivinaste que están vendiendo jamón? La pata de jamón cuelga en las tiendas de comestibles y generalmente en las ventanas de toda España. Estos son diferentes tipos de jamones colgados para que el cliente los vea.

¿Comes bocadillos de jamón? ¿Qué agregas a tu bocadillo de jamón? ¡Ahora sabes de dónde viene el jamón!

Tailandia

¿Alguna vez has comido arroz con leche? Esta versión es pegajosa! ¿Qué crees que hizo el arroz de esa manera?

El arroz pegajoso de mango o **Khao Niaow Ma Muang** es un postre hecho con leche de coco y se sirve con mango en rodajas. Caliente o frío, este dulce postre generalmente se come cuando la temporada de mango está en su apogeo en abril o mayo.

Este postre tradicional tailandés también se encuentra en otros países del sudeste asiático. ¿Puedes encontrar cuáles son esos países?

Estados Unidos

¿Cómo se llama un donas cuadrado? Mira como esta hinchada, ¡está cubierta de azúcar en polvo!

El **beignet** es famoso en Nueva Orleans, Louisiana. Se sirve con leche o café. Cada pedido de donas cuadradas viene de tres en un plato. Ten cuidado cuando lo comas ... ¡el truco es no respirar para que el azúcar no te cubra! ¡Que rico!

Beignet es una palabra francesa. ¿Por qué los **orleanos** usarían una palabra francesa para esta cocina? Investigue en la red o Internet para encontrar la respuesta.

Vietnam

Otra sopa sabrosa que es fácil de hacer con fideos, los **vietnamitas** tienen un nombre especial. ¿Sabes lo que es?

Phō (Fā) significa fideos. En esta imagen vemos un simple caldo de res con cebolla verde con perejil y jalapeños. Algunos cocineros agregan diferentes tipos de carne. Otros agregan **albahaca**, brotes de frijoles crujientes o menta fresca.

¿Qué agregarías a tu **Phō**?

Gales

¿Te encantan los sándwiches de queso? ¿Alguna vez has comido un sándwich de queso de cara abierta como este?

En Gales, esta cocina se llama **Mochyn Du** y tiene más de dos siglos. Se sirve en el desayuno y con té. El nombre común es **Welsh Rarebit** o **Welsh Rabbit**. **Rabbit** significa, en inglés, conejo. ¡No hay conejo, por supuesto!

¿Puedes encontrar la leyenda detrás de este nombre inusual?

Yemen

Esta sopa se sirve antes de la comida principal en Yemen. ¿Alguna vez has probado sopa con cúrcuma?

Maraq es el nombre de la sopa y puede tener cordero, cabra o pollo junto con las muchas especias que hacen de esta cocina saludable un favorito. Recientemente, la comunidad de la salud en todo el mundo ha abogado por los beneficios de la cúrcuma. Los **yemeníes** lo han estado agregando a su dieta diaria. Las familias y los restaurantes tienen diferentes recetas para esta sopa. Y se usa como remedio para aquellas personas que están enfermas.

¿Dónde está Yemen? ¿Qué otros datos interesantes puedes encontrar en Internet sobre este país?

Zimbabue

¿Cuál es la verdura en este plato? ¡Se cocina con mantequilla de maní o cacahuate!

Muriwo Unedovi se prepara con verduras de hoja verde. Aquí vemos espinacas frondosas. ¡Los ***zimbabuenses*** cocinan cada plato con mantequilla de cacahuate! ¡También les gusta comer gusanos crujientes! Llenos de proteínas, y fácilmente encontrados, los gusanos se preparan al freírlos. ¿Recuerdas qué país también tiene insectos como parte de su cocina?

Ubicada en el sur de África, Zimbabue tiene las hermosas y famosas Cataratas Victoria. ¿Porqué es famoso? ¿Cuál es el alimento básico de los ***zimbabuenses***? ¿Qué otros países también comparten los mismos platos?

Recetas simples para niños

1. PUDIN DE PAN (Oum ali)

Esta receta requiere cuatro croissants de 1 o 2 días, leche, mitad y mitad leche, canela, pasas y sus nueces favoritas. Si los croissants estan suaves, déjelos fuera por unas horas o colóquelos en el horno por 20 minutos de 300 grados para que estén crujientes. En un plato de hornear, triture dos croissants para cubrir el fondo que se ha cubierto ligeramente con aceite o mantequilla. Espolvorea aproximadamente ¼ de taza de nueces picadas como almendras, anacardos, piñones, pistachos o nueces y ¼ de taza de coco rallado. Puedes encontrar almendras en rodajas, trozos de pistacho y nueces en la tienda. Las pasas deberían haberse remojado durante 30 minutos en agua caliente. Escurra el agua y agregue un puñado sobre la mezcla de croissant. Repita el proceso con los otros dos croissants. Luego viene la mezcla de leche, que está hecha de dos tazas de leche (a elección), ¼ de taza de azúcar y una cucharadita de canela. Deje que hierva y luego enfríe antes de agregar una cucharadita de extracto de vainilla. Añadir al plato de hornear. Empuje hacia abajo la mezcla de croissant con una cuchara para que quede debajo de la leche y empape. Ahora extiende encima la crema batida hecha batiendo la mitad y la mitad de leche. Usar un batidor de mano lleva mucho tiempo o prueba la versión en lata de crema batida. Espolvorea un poco de azúcar en polvo encima. Dorar debajo del asador durante 5-10 minutos a fuego lento hasta que estén doradas. Mire para que no queme la parte superior. Espolvorea un poco más de nueces y coco si quieres. ¡Deja enfriar un poco y disfruta de inmediato!

2. HUMMUS

Escurra una lata de garbanzos y colóquelos en una licuadora. Agregue 1 cucharada de aceite de oliva y 1 cucharadita de jugo de limón. Ahora agregue su sabor favorito (ajo picado, pimiento rojo, aceitunas verdes picadas). Sal y pimienta para probar. Sumerja su pita o papas fritas. ¡Prueba esto en tu próxima fiesta! ¡Disfrutar!

3. PUPUSA

Esta es una receta donde la familia puede involucrarse. En un tazón para mezclar, agregue 4 tazas de masa de maíz y ½ cucharadita de sal, luego agregue lentamente 3-4 tazas de agua tibia. Mezcle con la mano mientras agrega agua hasta obtener una masa suave. Agregue 1 cucharada de mantequilla ablandada y mezcle. Pellizca suficiente masa para crear una pequeña bola y luego aplástala en un círculo. Coloque su relleno como frijoles refritos escurridos (que se puede comprar en una lata) y su queso favorito. Cierre los bordes hacia arriba y alrededor del relleno. Da palmaditas a la pupusa con tus palmas para que quede un círculo plano Freír. Experimente con las sobras de carnes y verduras. ¡Disfrutar!

4. SOPA DE RAMEN NOODLE (estilo shoyu)

Siga las instrucciones en un paquete de fideos Ramen pero solo la mitad del paquete para la base. Agregue 1 cucharadita de salsa de soya ligera y vinagre de arroz. Agregue ½ taza de zanahorias y champiñones cortados en rodajas al caldo. Una vez que los fideos estén casi cocidos, agregue 1 taza de trozos de pollo pre-cocidos picados y continúe cocinando a fuego lento. Con una tijera de cocina, corta 1 cebolla verde en cada plato de sopa que sirvas. También puede agregar medio huevo duro o espolvorear algunos brotes de frijoles sobre la sopa de fideos Ramen. Rinde aproximadamente 2-3 porciones.

5. ESPINACA Y MANTEQUILLA CACAHUATE (muriwo unedovi)

Calienta una sartén a fuego medio y agrega una cucharada de tu mantequilla de cacahuate o maní. Cuando se derrita, agregue dos puñados de hojas de espinaca lavadas y secas en la sartén. Revuelva hasta que las hojas se ablanden. Servir tibio. Rinde 2 porciones.

6. PUDIN DE ARROZ (Khao Niaow Ma Muang)

Necesitarás unas dos tazas de arroz blanco sobrante y media lata de leche de coco. Combine esto en una sartén y caliente a fuego lento hasta que espese un poco. Revuelva para que no se pegue. Servir caliente con rodajas de mango. Rinde 4 porciones.

7. PANQUEQUE DE PATATA

Usando el puré de papas sobrante, bata en un huevo y 1-2 cucharadas de harina. Calienta una sartén a fuego medio con un poco de aceite. Vierte la mezcla en la sartén para hacer panqueques. A medida que se cocina, se extenderá, así que no hagas que cada panqueque sea demasiado grande ni se toque cada uno. Si comienza a extenderse demasiado, empuje los lados de la mezcla sobre el panqueque. No lo voltee hasta que vea burbujas en la parte superior o se vea un poco seco. Fríe cada panqueque hasta que esté dorado. Servir con crema agria o puré de manzana en el desayuno o el almuerzo.

8. SANDWICH DE QUESO ABIERTO (Mochyn Du)

Welsh Rarebit o Welsh Rabbit es muy fácil de hacer. Tostar una rebanada de pan. Coloque una rebanada de su queso favorito encima. Coloque esto en el microondas durante 30 segundos para derretir el queso. ¡Disfruta como merienda!

RECURSOS

Enciclopedia Libre Universal en Español

http://enciclopedia.us.es/index.php/Enciclopedia_Libre_Universal_en_

Español National Geographic para niños.

1. Inglés-https://kids.nationalgeographic.com
2. Español-https://www.ngenespanol.com/el-mundo/national-geographicparaninos/

Scholastic Global Trek. (inglés)

http://teacher.scholastic.com/activities/globaltrek/